GUÍA DE LECTURA

Escrita por Chloé De Smet
Traducida por Laura Soler Pinson

Basada en hechos reales

de Delphine de Vigan

Entiende fácilmente la literatura con

ResumenExpress.com

www.resumenexpress.com

DELPHINE DE VIGAN

NOVELISTA Y REALIZADORA FRANCESA

- **Nacida en 1966 en Boulogne-Billancourt (Francia)**
- **Algunas de sus obras:**
  - *No y yo* (2007), novela
  - *Las horas subterráneas* (2009), novela
  - *Nada se opone a la noche* (2011), novela

Delphine de Vigan, autora francesa de éxito, ha adquirido fama literaria con el paso de los años, especialmente gracias a sus novelas *No y yo* (Premio de los libreros en 2008) y *Las horas subterráneas*, así como a su relato autobiográfico *Nada se opone a la noche* (Premio Renaudot de los Institutos de Francia, Premio Fnac y Gran Premio de las Lectoras de *Elle* en 2011). En su obra, donde la línea entre realidad y ficción es delgada, la autora nos desvela una parte de su intimidad a través de una escritura fluida y cálida. No obstante, a Delphine de Vigan, modesta y reservada, no le gusta mucho la exposición mediática que va unida a su éxito profesional. A su carrera de novelista se añade también una pasión por el séptimo arte, y es que varias de sus novelas han sido adaptadas al cine y, en 2014, dirige *À coup sûr*, su primer largometraje.

BASADA EN HECHOS REALES

UNA ESPECIE DE AUTONARRATIVA

- **Género:** autonarrativa, *thriller*
- **Edición de referencia:** de Vigan, Delphine. 2016. *Basada en hechos reales*. Traducido por Javier Albiñana. Barcelona: Editorial Anagrama
- **Primera edición:** 2015
- **Temáticas:** manipulación, ficción, realidad, doble, seducción, depresión, dualidad

Basada en hechos reales, la octava novela de Delphine de Vigan, marcó de inmediato el comienzo de la temporada literaria de 2015. En efecto, esta obra, nominada para el Premio Goncourt y el Médicis 2015, y que obtuvo el Premio Renaudot, parece haber conquistado a muchos lectores. De Vigan, en el límite entre la autonarrativa y la novela de suspense, nos presenta la historia de una amistad ambigua entre Delphine, la narradora, y «L.», una mujer a la que conoce por casualidad y que invadirá progresivamente su vida. En esta novela con tintes de *thriller* psicológico, la autora se pregunta sobre todo acerca de la dualidad del escritor y plantea la cuestión de la legitimidad de la ficción dentro de la literatura.

RESUMEN

UNA ESCRITORA A LA QUE LE FALLA LA INSPIRACIÓN

En la obra, la narradora, Delphine, escritora de éxito, nos presenta las dudas que pueden asaltar a un escritor cuando ya no le viene la inspiración, y es que ella misma está viviendo esa pesadilla. *A posteriori*, cuenta los hechos que han llevado a su bloqueo y la implicación de «L.», su nueva amiga, en su estado de sufrimiento y de frustración.

Además de sus problemas para escribir, Delphine ha ido aislándose con el paso de los días y de las semanas. Ha dejado de pagar las facturas, de responder a los correos electrónicos, y ya no se reúne con nadie, salvo con L. En resumen, ya no tiene vida social y es presa de una auténtica depresión. Un día, intenta ponerse a escribir de nuevo, imaginando a un personaje de la telerrealidad que es completamente ficticio y, después, retomando una de sus obras inacabadas, pero es en vano. No logra escribir una sola línea y se pone enferma ante el simple hecho de sentarse delante de la pantalla de su ordenador.

Cuando L. se muda al piso de la protagonista, esta última se abandona todavía más a su vida errante y a su inactividad. Esta desconocida parece disfrutar ocupándose de su amiga e insiste para que vuelva a tomar la senda de la escritura, sin dejarle una libertad total. Y es que L. se posiciona como la única persona que conoce de verdad a Delphine, y la única capaz de juzgar su potencial literario. Pasan las semanas y la situación sigue siendo la misma: L. cubre los fallos de su amiga ocupándose del correo, de las cotizaciones, de los diversos proyectos, etc. Incluso coescribirá el prólogo de una nueva edición de un texto de Maupassant (escritor francés, 1850-1893) que Delphine debía redactar. ¿Cómo ha llegado a este punto la escritora? ¿De dónde viene su malestar?

CÓMO CONOCIÓ A L.

Delphine conoce a L. durante una recepción mundana. Ya en su primer intercambio de palabras, se desprenden con claridad los numerosos puntos en común que tienen ambas mujeres: misma profesión de escritor, mismo gusto por el cine, misma personalidad independiente, misma curiosidad hacia los demás, etc. Entonces, se crea una amistad entre ellas sin que ninguna ofrezca resistencia. En seguida, Delphine se confía a su nueva amiga de una forma muy natural: la narradora está tensa y agotada desde la publicación de su última obra. De hecho, tiene un carácter tímido, por lo que no le gusta ser el centro de atención y sufre por su fama. Además, este éxito repentino le preocupa: ¿logrará superarse con su próxima novela? ¿Y si ese libro fuera el último? La mujer, que ronda los 40 años, expresa sus sensaciones a una L. muy receptiva, que se le aparece como la persona mejor situada para escucharla y comprender sus males, a pesar de que solo la conoce desde hace unas horas.

Tras esta velada, las dos mujeres mantienen una relación de amistad exclusiva: se ven a diario y se llaman con frecuencia. En ese mismo momento, Delphine empieza a recibir cartas amenazadoras que, aunque son anónimas, parecen venir de un miembro de su familia o de una persona de su entorno. Estos mensajes afectan enormemente a la escritora e, inevitablemente, la llevan a hundirse un poco más en la vida letárgica en la que está inmersa. Por otra parte, Delphine rememora progresivamente fragmentos de su pasado y recuerda que ya conoce a L. de antes: de hecho, han estudiado juntas. Pero entonces, ¿por qué ella nunca ha hecho alusión a esto? ¿Realmente su encuentro durante esa velada mundana fue casual? Delphine prefiere guardarse estas preguntas por miedo a lo que podrían desencadenar.

ENTRE REALIDAD Y FICCIÓN

La relación entre ambas mujeres da un giro cuando Delphine comienza a emanciparse aceptando la entrevista de una periodista que quiere preguntarle acerca de una de sus novelas. Durante la conversación, la narradora disfruta contando su historia y hablando con otra persona que no sea L. Además, Delphine se niega a escribir un nuevo libro autobiográfico, mientras que su amiga, para la que es muy importante este proyecto, insiste para que lo haga. Más allá de esta diferencia, las dos mujeres viven juntas, sin fricciones. Sin embargo, el secreto que comparten —el hecho de que Delphine sea incapaz de escribir— las une peligrosamente, sobre todo cuando L. toma el lugar de la protagonista en cuanto esta tiene que redactar algo: entonces, se convierte en su escritor fantasma.

Sin embargo, un día, las amigas discuten con vehemencia, ya que Delphine se ha enterado de que L. ha enviado un correo electrónico a escondidas a todos los amigos de aquella para que no vuelvan a ponerse en contacto con ella. La coinquilina justifica su acto explicando que la narradora tiene que concentrarse en escribir su próxima novela.

Al día siguiente de este altercado, L. abandona la vivienda y se instala en la habitación de un hotel. Pero el azar vuelve a juntar rápidamente a las dos mujeres cuando, misteriosamente, Delphine se cae por las escaleras de su inmueble. Su supuesta amiga, que en ese momento se encontraba en los alrededores, viene a socorrerla. A la narradora, que lleva muletas y una férula, le cuesta mucho vivir sola, y dado que su pareja, François, crítico literario, está de viaje de negocios en el extranjero, no puede contar con él. Como es natural, L. se ofrece a ocuparse de Delphine y, entonces, las dos mujeres se marchan de retiro a la casa de François en Courseilles (Normandía, Francia) para que la escritora pueda volver a concentrarse en su próxima obra.

Durante esta estancia a puerta cerrada, ambas se encuentran completamente apartadas del mundo. Por primera vez desde que se conocieron, L. se confía a Delphine y le revela el suicidio de su marido y su infancia difícil. ¿Verdad o mentira? Aunque, al principio, a la narradora le convence la veracidad de estas palabras, después le entran serias dudas. Pasan los días y, de repente, Delphine tiene una revelación: L. será su próximo tema para su nueva novela. Dado que teme su reacción, mantiene en secreto la trama de la historia. Desgraciadamente, aunque la narradora no está segura, cree que L. ha descubierto sus intenciones. En ese mismo momento, la protagonista cae enferma, hasta el punto de que no puede siquiera salir de la cama. Esta vez, ya no cree que sea una mera coincidencia, está convencida: definitivamente, su supuesta amiga está envenenándola. Entonces, todo se sucede rápidamente: huida, desmayo, hospitalización.

Delphine se despierta en la cama del hospital, en compañía de François, y por fin le confiesa toda su historia, desde que conoce a L. hasta hoy. Pero su relato parece inverosímil, incluso para su pareja. En efecto, nadie parece conocer a la tal L. o haberse cruzado con ella. Además, no se han encontrado señales de vida de alguien aparte de Delphine en Courseilles.

Aunque L. ha desaparecido por completo de su vida, en la mente de la escritora ronda una última pregunta: ¿ha existido realmente? Un día, Delphine recibe una llamada de su editora, que le felicita por su brillante obra. La narradora, desconcertada y asombrada a la vez, puesto que lleva meses sin escribir, comprende que L. ha usurpado su nombre y ha redactado un texto que alcanzará más éxito que si lo hubiese escrito ella. ¿Ficción o realidad? ¿Locura o razón? ¿Ilusión o traición? Al final de este relato, persiste la duda acerca de la identidad de la autora de la novela, pero también acerca de la propia existencia de L.

ESTUDIO DE LOS PERSONAJES

DELPHINE

Delphine, la narradora de esta obra, es una novelista que ha entrado en los 40 y que reside en París. Está divorciada, es madre de dos hijos, y mantiene una relación amorosa con François, aunque vive sola. Tras la publicación de su última novela, la autora tiene problemas para afrontar su fama fulgurante y repentina (invitaciones de libreros, escuelas, periodistas, etc.). Y es que Delphine, que es tímida y emotiva, sufre por esta nueva popularidad: no soporta ser el centro de atención general y se siente desamparada ante su público y ante la prensa. El libro con el que alcanza tal éxito es un relato íntimo que desvela una parte muy personal de su vida. Con respecto a esto, Delphine explica: «Había escrito un libro cuyo alcance nunca habría imaginado» (De Vigan 2016). Por consiguiente, siente la necesidad de establecer una cierta distancia con sus lectores.

Además, la narradora es una mujer independiente a la que le gusta hacer las cosas sola, aunque también le agrada la presencia de sus amigos. Delphine, que no se siente a gusto en grupos grandes, aprecia las relaciones más íntimas. Además, traba amistad de una manera particularmente rápida y es leal a la gente que quiere: «Soy una persona que se apega, es innegable, y que se apega de modo duradero» (De Vigan 2016).

Cuando conoce a L., Delphine vuelve de un salón de literatura donde se ha negado a firmar su novela; era superior a sus fuerzas. Aunque se encuentra frágil, tensa y agotada, acude a esa velada mundana en la que L. se acerca a ella —¿o fue al revés?—. Sea como sea, las dos mujeres se conocen en esas condiciones: Delphine en posición de víctima y L. en el papel de salvadora.

Es obvio el parecido entre las dos protagonistas. De hecho, las dos son escritoras, independientes y viven solas en sus viviendas parisinas. La soledad constituye uno de los puntos en común más importantes. Para Delphine, este aislamiento se explica por una sucesión de despedidas que han marcado su vida: la marcha de sus hijos, la mudanza de sus amigos fuera de la capital, los viajes frecuentes de François, etc. Ante el parecido, la narradora se apega en seguida a L. Más que una simple amistad, se crean un vínculo inalterable y una fascinación enfermiza entre ambas. Delphine tiene la sensación de que su amiga cuenta con todas las cualidades que sueña con desarrollar (seguridad, carisma, distinción, etc.). La admira por eso y, sobre todo, envidia su capacidad para escribir cuando ella ya no lo logra.

L.

La sigla «L.» mencionada a partir de las primeras páginas de la novela se corresponde con un personaje femenino entrado en los 40 que reside en París. L., cuyo nombre real jamás conoceremos, es primero periodista, antes de especializarse en la autobiografía femenina. A lo largo de todo el relato, esta mujer siempre aparece descrita a través de la mirada de Delphine:

> «L. estaba perfecta. Pensé en la publicidad de la marca Gérard Darel, la recuerdo muy bien, era exactamente eso, esa sofisticación sencilla, moderna, una hábil amalgama de telas clásicas, burguesas, y de audaces detalles» (De Vigan 2016).

Así, para la narradora, L. es una mujer muy bella, sofisticada, que gusta a los hombres. Además, parece ser muy considerada y empática: «[...] L. poseía un sentido inusitado del Otro, un don para dar con las palabras precisas, decirle a la gente lo que necesitaba oír» (De Vigan 2016).

A pesar de su aparente compostura y su disponibilidad, L. parece llevar sobre sus hombros un pasado complicado del que no quiere hablar: «Algo en ella, algo oculto, apenas perceptible, indicaba que L. volvía de lejos [...]» (De Vigan 2016). Su marido se suicida unos años antes y la deja viuda y sin hijos. Desde entonces, vive sola y ha perdido de vista a la mayoría de sus amigos. Además, tiene una personalidad paradójica: por una parte, se muestra tranquila y bajo control y, por otra, imprevisible y violenta. Así, sale representada de diferentes maneras, unas veces graciosa y alegre y, otras veces, susceptible y misteriosa. Además de este comportamiento contradictorio, L. también tiene ciertas fobias, como la de los roedores, y practica extraños rituales cuando come en un restaurante o cuando invita a alguien. Por consiguiente, estas distintas facetas de su personalidad siembran la duda en la mente del lector, que no sabe cómo descifrar a este personaje enigmático.

FRANÇOIS

François, crítico literario, es la pareja de Delphine desde hace varios años. Por su profesión, suele viajar por negocios al extranjero. La narradora lo describe como: «el hombre al que amo» (De Vigan 2016). A pesar del vínculo que los une, François no está muy presente en la vida de Delphine. En efecto, este hombre tan ocupado y con muchas responsabilidades parece apreciar que, dentro de la pareja, cada uno mantenga su independencia y su intimidad.

Cuando la narradora empieza a frecuentar a L., no le dice nada a François; de hecho, este último jamás la conocerá. Además, Delphine no se atreve a revelar a su pareja sus problemas para escribir. Y es que, dado que él mismo está inmerso en el ámbito literario, tiene miedo de que la juzgue o, peor aún, que ya no la quiera. Cuando la escritora vuelve de Courseilles, François no se cree su versión de los hechos; le parece inverosímil. En su opinión, L. no es más que el fruto de la imaginación de la narradora, una especie de doble de ella misma que le servía de pretexto para escribir un nuevo libro.

CLAVES DE LECTURA

UNA ESPECIE DE AUTONARRATIVA

Basada en hechos reales puede considerarse una especie de autonarrativa. De hecho, encontramos muchas características propias del género autobiográfico, pero no únicamente. En primer lugar, la narradora se expresa en primera persona para contar su historia. A continuación, se identifican elementos personales que pertenecen a la vida de Delphine de Vigan: nombre, estatus de escritora, divorciada, madre de dos hijos, reservada, problemas con la fama, éxito de su última obra, pareja de un crítico literario, etc. Todo está sutilmente organizado para darnos la sensación de que este libro es autobiográfico.

Por lo tanto, ¿cuál es la diferencia aquí con la autonarrativa tradicional? En primer lugar, la presencia de L., esa nueva amiga que surge de la nada, y sobre la que el lector se hace preguntas constantemente. ¿Es real esta mujer? ¿O ha sido creada por la escritora (la narradora de la novela) porque le sirve para la trama de su próximo libro?

Persiste la duda. Además, el tema central de la novela de Delphine de Vigan sigue siendo vago: ¿se trata realmente de la historia de una manipulación y de una traición por parte de una amiga? ¿O hay que buscar el sentido en otra parte? De hecho, ¿esta intriga no sirve de pretexto a la narración para expresar en realidad el malestar de la escritora ante su fama y su miedo a escribir su próximo libro? Por estos aspectos ficticios y misteriosos, la obra realmente se desmarca de la autonarrativa tal y como se la concibe habitualmente.

Basada en hechos reales también se aleja de la autobiografía por su estrecho vínculo con el *thriller* psicológico. Este género literario, subgénero del *thriller* y de los libros de terror, hace hincapié en los conflictos mentales y emocionales a los que las protagonistas pueden enfrentarse. Por ejemplo, a menudo se habla de alucinaciones y de paranoia. En esta obra, encontramos características de este tipo a través del trastorno afectivo que experimenta Delphine: muchas veces nos preguntamos acerca de su lucidez y de su salud mental. Además, se tiene en vilo al lector durante toda la novela, como si fuera una novela policíaca. Así, nos planteamos constantemente la identidad de L. y cómo se desarrollarán los acontecimientos. Sentimos que se va a producir algo de manera inminente y con razón, ya que L. intentará envenenar a la narradora al final del relato. Para acabar, se incluyen referencias explícitas a Stephen King (escritor estadounidense, nacido en 1947), maestro del suspense, al principio de sección, en forma de epígrafe: «Dentro de él, una voz susurró por primera vez: "Quién eres tú cuando escribes, Thad? ¿Quién eres entonces?" (Stephen King, *La mitad oscura*)» (De Vigan 2016). Más en concreto, *Basada en hechos reales* parece inspirarse de una de sus novelas titulada *Misery* (1987), que presenta a un escritor de éxito secuestrado por una de sus admiradoras. A través de estas citas insertadas, aumenta la tensión y la huella de King no hace más que incrementar la angustia del lector.

LA DUALIDAD DEL ESCRITOR

> «Mira, a veces me pregunto si no estás poseída por alguien» (De Vigan 2016).

Cuando François pronuncia esta frase, parece

que se evoca claramente el tema de la dualidad. En efecto, al avanzar en la novela, somos conscientes de que no solo se trata de manipulación y de traición. De hecho, la obra invita a una reflexión acerca de la dualidad del ser y, más en concreto, acerca de la del escritor.

A través de la relación misteriosa teñida de control que une a las dos protagonistas, nos planteamos la cuestión del doble: ¿cada persona tendría dos polos antagónicos y constitutivos? ¿Esto se aplicaría para cada ser humano o se dirige especialmente al caso del escritor? Cuando coge su pluma, el autor parece contar con dos personalidades que son a la vez opuestas y complementarias: la que tiene en la vida real y la que encarna en su novela, gracias a un personaje de ficción que difiere de él y que puede colmar los fallos de su carácter. Encontramos esta dualidad del escritor en los personajes de Delphine y de L.: ambas se parecen y se complementan, ya que los puntos fuertes de una cubren las carencias de la otra. Por ejemplo, la desconocida posee las cualidades conductuales y relacionales con las que sueña la escritora. Aparece como una versión mejorada de Delphine. A lo largo de todo el relato, tenemos la sensación de que L. sustituye poco a poco a la narradora, hasta que las dos mujeres pasan a formar una sola persona.

Así, al final de la obra, el lector se pregunta: ¿y si las dos protagonistas representaran los dos polos de una sola entidad? ¿Al igual que el yin y el yang, Delphine tiene un polo optimista que logra todo lo que se propone a través del personaje de L., y otro introvertido que experimenta más dificultades para alcanzar sus objetivos?

EL ESTATUS DE LA FICCIÓN DENTRO DE LA LITERATURA

Basada en hechos reales también se pregunta acerca del acto de escritura, a través del malestar que siente Delphine por su incapacidad para redactar una nueva obra. En ese contexto, el libro plantea la pregunta del estatus de la ficción dentro de la literatura. De hecho, en varias ocasiones, el relato se ve marcado por largos diálogos que enfrentan a L. y a Delphine en este tema polémico: ¿en una obra literaria debemos recurrir exclusivamente a la ficción? ¿O, por el contrario, solo merece un lugar la autobiografía? ¿Qué sentido debemos darle a la escritura? Según L., «de los personajes de ficción no queda nada si no mantienen ningún vínculo con la realidad» (De Vigan 2016). Está convencida de que «no hay más escritura que la escritura sobre uno mismo» (De Vigan 2016). Además, considera que la gente ya no se cree la ficción y que anhela lo real: para que una novela tenga contenido, obligatoriamente debe referirse a la realidad, ya que, de lo contrario, puede ser considerada vacía e impersonal. Por consiguiente, L. insiste para que la narradora escriba un libro a partir de su propia vivencia y sin usar la ficción. Por el contrario, para Delphine, lo que importa en una novela es la capacidad de evasión, de perdición y de diversión que suscita la lectura. Está convencida de que esa es la razón por la que existe la literatura y, por lo tanto, el recurso a la ficción resulta fundamental.

PISTAS PARA LA REFLEXIÓN

ALGUNAS PREGUNTAS PARA PROFUNDIZAR EN SU REFLEXIÓN...

- «Pero toda escritura sobre uno mismo es una novela. El relato es una ilusión. No existe. No debería permitirse que ningún libro se apropiara de ese término» (De Vigan 2016). Comente esta cita.
- En su opinión, ¿cuál es el alcance de la dimensión autobiográfica en esta novela? Justifique su respuesta con ejemplos del texto.
- Explique los tres tiempos del relato: seducción, depresión, traición.
- En su opinión, ¿L. es una persona real o un fantasma que Delphine imagina? Justifique su respuesta.
- En relación con la cuestión de la dualidad, ¿cómo interpreta esta frase: « Hoy sé que L. es la sola y única razón de mi impotencia » (De Vigan 2016)?
- En un momento en el que los sucesos, los

relatos documentales y otros testimonios de vida gozan de un gran éxito, ¿qué lugar le correspondería aún a la ficción dentro de la literatura?

- ¿De qué manera la novela genera el suspense?
- «El lector se mostraba siempre dispuesto a ceder a la ilusión y a considerar real la ficción» (De Vigan 2016). ¿Está de acuerdo con esta idea de la autora?
- Varios libros de Delphine de Vigan ya han sido adaptados al cine. ¿Cree que podría hacerse con esta obra? En caso de respuesta afirmativa, ¿cómo lo haría?
- Citando el texto, explique el sentimiento de dualidad que experimenta la narradora.

¡Su opinión nos interesa!
¡Deje un comentario en la página web de su librería en línea,
y comparta sus favoritos en las redes sociales!

PARA IR MÁS ALLÁ

EDICIÓN DE REFERENCIA

- de Vigan, Delphine. 2016. *Basada en hechos reales*. Traducido por Javier Albiñana. Barcelona: Editorial Anagrama.

EN RESUMENEXPRESS.COM

- Guía de lectura de *Nada se opone a la noche* de Delphine de Vigan.